This notebook belongs to:

_____

_____

Copyright © 2020
All rights reserved. No part of this publication may be reproduced,
distributed or transmitted in any form.

_____ / _____ / _____

_____ / _____ / _____

_____ / _____ / _____

_____ / _____ / _____

_____ / _____ / _____

_____ / _____ / _____

_____ / _____ / _____

_____ / _____ / _____

_____ / _____ /

____ / ____ / ____

____ / ____ / ____

___ / ___ / ___

___ / ___ / ___

_____ / _____ / _____

/   /

_____ / _____ / _____

_____ / _____ / _____

___ / ___ / ___

_____ / _____ / _____

    /   /

_____ / _____ / _____

___/___/___

_____ / _____ / _____

_____ / _____ / _____

_____ / _____ / _____

_____ / _____ / _____

_____ / _____ / _____

_____ / _____ / _____

_____ / _____ / _____

/   /

_____ / _____ / _____

_____ / _____ / _____

_____ / _____ / _____

_____ / _____ / _____

_____ / _____ / _____

_____ / _____ / _____

_____ / _____ / _____

_____ / _____ / _____

_____ / _____ / _____

_____ / _____ / _____

_____ / _____ / _____

     /   /

_____ / _____ / _____

_____ / _____ / _____

___ / ___ / ___

_____ / _____ / _____

_____ / _____ / _____

_____ / _____ / _____

_____ / _____ / _____

_____ / _____ / _____

_____ / _____ / _____

___ / ___ / ___

_____ / _____ / _____

_____ / _____ / _____

____ / ____ / ____

_____ / _____ / _____

_____ / _____ / _____

_____ / _____ / _____

_____ / _____ / _____

_____ / _____ / _____

    /   /

_____ / _____ / _____

___/___/___

          /   /

_____ / _____ / _____

_____ / _____ / _____

_____ / _____ / _____

_____/_____/_____

_____ / _____ / _____

_____ / _____ / _____

_____ / _____ / _____

_____ / _____ / _____

___ / ___ / ___

            /   /

/   /

/   /

_____ / _____ / _____

/ /

        /   /

_____ ___/_____/_____ _____

_____ / _____ / _____

_____ / _____ / _____

___ / ___ / ___

_____ / _____ / _____

/   /

_____ / _____ / _____

       /   /

            /   /

_____/_____/_____

         /   /

_____ / _____ / _____

    /   /

_____ / _____ / _____

_____ / _____ / _____
_____
_____
_____
_____
_____
_____
_____
_____
_____
_____
_____
_____
_____
_____
_____
_____
_____
_____
_____
_____
_____
_____
_____
_____
_____
_____
_____

____ / ____ / ____

_____ / _____ / _____

_____ / _____ / _____

          /   /

_____ / _____ / _____

www.ingramcontent.com/pod-product-compliance
Lightning Source LLC
LaVergne TN
LVHW012001070526
838202LV00054B/4995